Eigentlich bin ich Unternehmensmanager mit vielen unterschiedlichen Jobs. Ich kann einen Fussboden verlegen, bei Tisch bedienen, eine Restaurantkette, aber auch eine chemische Fabrik führen.

Aber als ich 50 wurde, lief alles anders. Erst erschien es mir wie eine Krise, dann: Entdeckung der unendlich vielen kreis- und spiralförmigen Entstehungsformen, nachdenken über Gott und die Welt, nachdenken über den Weg zu Verständnis, Einfühlungsvermögen und Einsicht in die Zusammenhänge... und über die Hindernisse auf diesem Weg.

Liebe ist das einzige Medikament in allen Lebenslagen. Nicht die triebhafte Liebe, wie schön sie auch sein mag, sondern die Liebe, die verstehen und somit voll akzeptieren will und kann.

Seit einigen Jahren besteht meine Hauptbeschäftigung darin, im Internet an Austauschforen teilzunehmen um meine Einsichten zu vermitteln und selber weiter zu lernen. Und so darf ich jetzt auch im persönlichen Gespräch Mut-machen und begleiten.

Adrian Strack

Adrian Strack

Persönliche spirituelle Entwicklung
... mit Herz und Verstand

Herstellung und Verlag:
Books on Demand GmbH, Norderstedt

ISBN-13: 978-3-8370-2871-3

Bitte nicht kopieren

In letzter Zeit habe ich über die "Einzelheiten meiner Ignoranz" nachgedacht und über die Missverständnisse, die mich am meisten bei der geistigen Entwicklung und in der Kommunikation mit anderen behindert haben.

Natürlich sind meine Einsichten für mich maßgeblich. Sie sind gar nicht notwendigerweise auch für andere gültig. Nichts davon ist gültig für dich, wenn es nicht eine Saite in deinem Herzen berührt.

Ich gebrauche einfach für das Höchste Wesen, das Ur-Bewusstsein, das Wort Gott. Lass dich dadurch nicht stören.

Das auch von mir gebrauchte Wort Gewahrsein steht meistens nicht im Wörterbuch. Wir wissen, dass wir uns einer Sache Gewahr werden können. Das Gewahrsein ist für mich wie das Englische „awareness", das momentane Wachbewusstsein, mit dem ich bewusst mein Handeln bestimme.

Jede Religion und Tradition begegne ich mit Interesse und Respekt, bin aber selber an keine gebunden.

Ich bin ein in Deutschland lebender Holländer. Bitte verzeihe meine dann und wann ungebräuchliche Handhabung der deutschen Sprache.

Adrian

Das Bewusstsein erziehen

Unsere Handlungen und Reaktionen werden meistens bestimmt von den Mustern in unserem Hirn, die durch die intelligente Evolution entstanden sind, Evolution gesehen als Folge von intelligenter Kausalität, die im Urbewusstsein auftritt (Mensch, Rasse, Tradition, Erziehung, Gewohnheit, Training…)

Aber das Hirn ermöglicht auch, sich auf neue Themen zu konzentrieren und rein logisch zu denken. Logisches Denken ermöglicht abstraktes Denken. Es wird oft vergessen, dass wir mit abstraktem Denken die materielle Welt verlassen und eine geistige Wirklichkeit betreten können, eine geistige Perspektive mit ihren eigenen Wahrheiten. Wir können so die materielle Welt „von außen" betrachten und leichter beurteilen, was für das Ganze und auf längere Sicht förderlich und was kontraproduktiv ist.

Wenn ich von den Gedankenmustern rede, gebrauche ich das Wort Bewusstsein und wenn das abstrakte, das „hier und jetzt bewusste" oder konzentrierte Denken gemeint ist, gebrauche ich das Wort Gewahrsein.

Die Muster in unserem Hirn sind von Hause aus nicht mit den Wahrheiten bestückt, die wir erreichen wollen.

Wenn wir die geistigen Überlegungen außer Acht lassen, ist das Lernen in der Praxis sehr viel schmerzhafter und schwieriger.

Es ist also ausgesprochen günstig für die Menschheit und für uns persönlich, wenn wir die geistigen Seiten unseres Daseins ernst nehmen. .. wenn wir aufhören von uns selber und unserer materiellen Welt als Maßstab aus zu gehen. Wir werden dann auf Wahrheiten stoßen, welche uns helfen können ein Glück zu finden, das nicht die ganze Zeit von Schmerz und Kummer unterbrochen wird.

Eine andere Überlegung ist: In den letzten Jahrhunderten hat das rationale Denken die Überhand gewonnen. Die Fähigkeit, zeitlose Wahrheiten in Form von Mythen und Symbolen zu verstehen und zu respektieren, ging verloren. Es wird immer selbstverständlicher nur das eigene Denken für richtig zu halten.

Diese Wahrheiten mit Hilfe des abstrakten Denkens wieder zu finden und sie in die Praxis um zu setzen, ist das Ziel dieses Büchleins.

Ich muss aber sofort erwähnen, dass ich natürlich nicht allwissend bin. Ich kann nicht mehr als auf der Basis meiner persönlichen Erfahrungen und Überlegungen versuchen, andere zum Nachdenken zu verhelfen. Lernen ist Wachsen. Es geht nun nicht darum Wissen zu sammeln, es geht darum, die angebotene Erkenntnis in die Praxis umzusetzen und wenn sie sich dann gefestigt hat, den nächsten Schritt zu tun.

In seinem Wissen stehen zu bleiben blockiert Wachstum!

Wie können wir am besten vorgehen?

Wir müssen die Fähigkeit entwickeln, die alten überkommenen Muster, womit unser Hirn uns ständig bombardiert, als solche zu erkennen. Sobald wir eine neue Einsicht gewonnen haben und es kommen Gedanken auf, die nicht mehr mit der neuen Einsicht kompatibel sind, müssen wir imstande sein zu sagen: „Ich brauch' dich nicht mehr, lieber Gedanke. Bis jetzt warst du vielleicht nützlich, aber jetzt nicht mehr. Du darfst weg bleiben". Dafür brauchen wir aber die Fähigkeit, unsere Gedanken zu beobachten. Das ist sicher am Anfang nicht für jedermann so leicht.

Die beste Methode ist Meditation, wobei wir uns auf etwas, zum Beispiel unsere Atmung, konzentrieren (Gewahrsein) und darauf achten, wenn wir abgelenkt sind (Bewusstsein). Wenn wir dann diesen ablenkenden aufkommenden Gedanken wahrnehmen und zu unserem Gewahrsein zurückkehren können, sind wir auf dem richtigen Weg.

Die aufkommenden Gedanken sind die Folgen von eingeschliffenen Vorgängen in unserem Hirn. Ich nenne sie

Rinnsale, wie bei Ebbe am Strand. Und wenn ich ihnen kein Wasser mehr zuführe, versanden sie. Es ist so als würde man sich eine unerwünschte Gewohnheit abgewöhnen. Nach einiger Zeit bleiben die aufkommenden kontraproduktiven Gedanken weg.

Es ist unvernünftig zu glauben, dass das gleich vollkommen gelingt (Flott und nach Wunsch von Gedankenmuster zu Gewahrsein umschalten zu können). Aber unterwegs ist das Resultat schon herrlich... für uns selber, für unsere Umgebung und für die ganze Menschheit.

Stufen und Stolpersteine bei der geistigen Entwicklung

Viele Menschen haben Angst, sich weiter zu entwickeln... Sie haben Angst, die neue Situation nicht mehr zu übersehen, diese nicht meistern zu können... Sie haben Angst, irgendwie die eigene Identität zu verlieren.

Wenn man den Schritt aber hinter sich hat, zeigt es sich, dass die Ängste unnötig waren. Sich hin zu geben, sich auf zu geben, bringt keinen Verlust, sondern nur Gewinn.

Und viele Menschen werden behindert durch eine Vielzahl von Missverständnissen. Ich habe etliche als meine eigenen Stolpersteine wiedererkannt und verstanden... Erkenntnisse, die beim Ausräumen dieser Missverständnisse helfen.

Es ist wichtig, dass die Schritte mit Liebe gemacht werden, nachdem man Frieden mit der Vergangenheit geschlossen hat.

Neue wissenschaftliche Erkenntnisse werfen ein ganz neues Licht auf Schuld, auf Bewusstsein und Gewahrsein.

Oh Du,

ich liebe Sein Gesicht,

das ist

Du

!

Alles ist gut

Die Reise von Leben zu Leben.

Diejenigen, die mit mir meinen, dass Reinkarnation ein sehr gutes Modell ist für unser Verständnis, gehen davon aus, dass jedes menschliche Wesen sich im Laufe vieler Leben entwickelt. Dieses Wesen entwickelt sich vom göttlichen Zeugungsgedanken aus bis es als erleuchtetes Wesen wieder mit Gott vereint ist.

Der Pfad führt über Berge und durch Täler. Entwicklung findet nur statt, indem man hinfällt und wieder aufsteht.

Jedes menschliche Leben befindet sich irgendwo innerhalb dieser Entwicklung. Es ist nicht anders denkbar. Jedes Leben stellt eine Stufe in dieser Entwicklung dar. Jedes Leben hat seine Bedeutung, weil es ja eine Stufe einer Entwicklung ist. Jedes menschliche Leben ist ein notwendiger Schritt einer guten Entwicklung.

Die Reise in diesem Leben.

Die Entwicklung aufeinander folgender Leben basiert auf der Entwicklung in jedem einzelnen menschlichen Leben. Also reisen wir auch in diesem Leben von Gott, zurück zu Gott, aber der Ursprung und das letzte Ziel sind - bis zu unserem letzten Leben - außerhalb unseres Gesichtsfeldes. Aber auch hier befinden wir uns ununterbrochen in einer notwendigen Phase einer guten Entwicklung. Wir sind genau in Übereinstimmung mit dem Willen Gottes. Jede vermeintliche Abweichung basiert nur auf unserem weltbezogenen Bewusstsein.

Gut und Böse

Die Materie kann nur durch Polarität bestehen. Gott selber ist nicht polar. Um auf der materiellen Ebene zu wirken, muss die Schöpfung sich entwickeln indem sie Gegensätze schafft. Die Welt ist nicht vorstellbar ohne die Gegensätze "gut" und "böse", Tag und Nacht, kalt und warm.... Sobald wir die Dinge nicht

länger als gut und böse, angenehm oder beängstigend wahrnehmen, sind unsere Gedanken nicht länger von dieser Welt.

Das Endziel

Je mehr es uns möglich ist zu sagen: "Aber dann ist alles gut,
selbst wenn ich es auf der materiellen Ebene böse finde", desto
weiter sind wir auf unserem Weg. Sobald wir sagen können: "Alle Menschen - die Drogenhändler, ich selber in meinen schlimm-
sten Momenten, der selbstsüchtige Krieger - befinden sich in
einer notwendigen Entwicklungsphase, sind alle genau so, wie
Gott es will", dann haben wir das Ziel erreicht. Dann wird unsere
Liebe blühen, die alles umfasst.

Mach' dich frei

Mache dich frei von der Abhängigkeit von der Vergangenheit. Gefühle von Stolz, Schuld und Trauer sind wie Blei an deinen Füßen.

Mache dich frei von der Haftung an Besitz. Du nimmst dir sonst deine Handlungsfähigkeit.

Mache dich frei von deinem Bedürfnis nach Macht. Macht und Liebe ertragen einander nicht.

Mache dich frei von der Abhängigkeit von allem, was Lust ist. Die dir dann geschenkten Freuden sind unendlich schöner als die von dir gesuchten.

Mache dich frei von der Haftung an allem Wissen. Deine Schritte enden sonst bei d e i n e r Wahrheit.

Mache dich frei von der Abhängigkeit von deinen Meinungen. Deiner Liebe sind sonst tausend Grenzen gesetzt.

Mache dich frei von der Abhängigkeit von Unterhaltung. Das Sich-Entspannen ohne gesuchte Reize von außen ist viel schöner und wertvoller.

Mache dich frei von der Abhängigkeit von deinen Tugenden, Fähigkeiten und Kräften. Es ist die Falle, die den ganzen Weg umsonst macht.

Und schließlich, mache dich frei von der Abhängigkeit von Form und Eigenschaften. Gott hat keine Form und keine Eigenschaften.

Gebrauche inzwischen ganz bewusst in Freiheit und in Liebe deine Erfahrungen, deinen Besitz, deine Lust, dein Wissen, deine Wertschätzung, deine Tugenden, Fähigkeiten und Kräfte in dieser Welt von Formen und Eigenschaften, als Sprossen deiner sich mehr und mehr verflüchtigenden Leiter.

Es hört sich so sicher an

Vor einigen Jahren schrieb ich: Viele denken, ich höre mich so "sicher" an. Der Grund dafür ist, dass ich gelernt habe, dass es für mich nötig ist, mir des jeweils letzten Schrittes auf meiner Leiter ganz sicher zu sein, bevor ich mit dem nächsten Schritt weiter machen kann. Wenn ich das nicht tun würde, würde meine letzte Einsicht mich nicht dazu bringen, auch entsprechend zu handeln. Sie wäre dann nur meine Ansicht, die wahr sein kann oder auch nicht und die für mein Verhalten keine Konsequenz hat.

Obwohl meine Überzeugungen subjektiv sind, binden sie mich. Ich kann nicht umhin die Konsequenzen von meinen - auf meiner Meinung basierenden - Handlungen, zu akzeptieren (Karma oder was auch immer). Darum gehe ich davon aus, dass, sobald meine Meinung zu meiner momentanen Überzeugung geworden ist, es auch die Wahrheit ist. Meine Wahrheit ist nur ein kleiner Teil der totalen Wahrheit, aber für mich, hier und jetzt, ist es die Wahrheit. Natürlich kann deine Wahrheit anders sein. Auch meine nächste Wahrheit wird anders sein. Es gibt nicht nur eine Wahrheit. Trotzdem ist meine Wahrheit eine Tatsache, sonst könnte ich die Leiter nicht weiter emporsteigen.

Ich muss das Risiko eingehen, Fehler zu machen. Vielleicht erkenne ich es selber und gehe eine oder mehrere Sprossen zurück, oder mein Fehler verursacht ein Unglück und ich lerne auf leidvollem Wege. Es ist nicht möglich die höchste Wahrheit zu wählen, wenn man noch unten an der Leiter steht. Wie zum Beispiel jemand, der gerade anfängt, rechnen zu lernen, nicht beurteilen kann, welche Einsteinsche Formel die wertvollste ist. Wir müssen wachsen. Schritt für Schritt.

New Age Christ?

Das Christuskonzept existierte lange bevor Jesus geboren wurde. Ich glaube tatsächlich, dass Jesus die perfekte Verkörperung des Christus war. Jahrelang betete ich und bat darum, den Christusgeist zu erlangen. Zunächst fragte ich Jesus, dann den Christusgeist in mir, mir zu helfen, weiterzukommen. Ich kenne Jesus (fast) nur aus den Schriften, die von Menschen ausgewählt wurden. Ich kenne Christus, indem ich meiner inneren Stimme lausche. Ich bin ein New Age Christ. Nicht in dem Sinne, dass ich durch neue Slogans vorangetrieben werde, sondern in dem Sinne, dass ich glaube, dass es immer mehr Menschen gibt, die erwachsen genug sind, in natürlicher Demut, selbst zu entscheiden und die Verantwortung für ihr Wachstum zu übernehmen.

Wenn ich nur gehorsam bin wegen einer Belohnung, aus Furcht vor Strafe, aus Scham, dann lässt mich das nicht wachsen.

Gehorchen aus Liebe, aus tiefem Respekt, aus Einsicht, das ja, natürlich.

Verschiedene Wahrheiten

Wenn wir über Gott und göttliche Reiche sprechen wollen, haben wir das Problem, dass die Worte, mit denen wir versuchen uns verständlich zu machen, nicht verstanden werden. Die Worte, Symbole und Wahrheiten sind für verschiedene Ebenen halt unterschiedlich.

Deshalb möchte ich folgende Punkte zu bedenken geben:

Meiner Meinung nach gibt es kein einziges Regelwerk, kein Bündel von Wahrheiten, das sich auf alles anwenden lässt. Jede Ebene hat ihre Wahrheiten, ihre Gesetze und Wirklichkeiten, die auf einer anderen Ebene möglicherweise nicht existieren.

Ich denke, eine "Ebene" kann definiert werden als ein "Platz", ein "Modell", eine Perspektive, worauf ein Satz Regeln anwendbar, wahr ist. Wenn das Regelwerk der Ebene A auch gültig ist für andere Ebenen und diese umfasst, dann ist die Ebene A höher als diese anderen Ebenen. Wenn z.B. die Regel von "ehrlich spielen" gültig ist für Schach und Fußball, ist in dieser Hinsicht die Ebene "ehrlich spielen" höher als die Spielregeln von Schach und Fußball.

Das Erkennen unterschiedlicher Ebenen und das Sehen von umfassenderen Wahrheiten ist unerlässlich, wenn man sich Gott über den Verstand nähern will.

Reisen...

Mit dem Mut ins Unbekannte zu gehen,

weg von unserem Wissen,

offen,

voller Neugier und Respekt...

nach allen Seiten seiend wie wir sind,

unsere Dankbarkeit als leuchtende Strahlen.

Gut und Böse

Mike war ungefähr 11 Monate alt. Er lernte gerade das Laufen. Er fiel hin, weinte und stand wieder auf. Er fiel wieder hin, weinte nicht und stand auf. Mindestens hundert Mal. Dann fiel er nicht mehr hin.

Jane war dabei, das Multiplizieren zu lernen. Sie saß zu Hause in ihrem Zimmer. $5 \times 7 = ???$. $3 \times 6 = 14$. $5 \times 3 = 15$. $7 \times 9 = 73$. $9 \times 3 = 27$. Am nächsten Tag: $9 \times 5 = 45$. $9 \times 6 = 46$. Es dauerte zwei ganze Wochen, bis sie es verstanden hatte.

John war nicht gut darin, geduldig zu sein. Auf seinem Weg zur Schule mit dem Fahrrad verhielt er sich nicht immer korrekt an der Ampel. Als er 21 war, schlug er jemanden nieder, der sich beim Schlange stehen vordrängeln wollte. Nun ist er 50 und hat immer noch ab und zu Ärger. Wenn er es bis zum Ende seines Lebens noch immer nicht gelernt hat, muss er es in einem nächsten Leben lernen.

Mary schlief mit einem Jungen als sie 14 war. Nun ist sie 60 und kann ihre sexuellen Triebe immer noch nicht beherrschen. Sie wird es vielleicht in einem nächsten Leben lernen müssen.

Hörte Gott auf, Mike zu lieben, als er hinfiel und weinte?

Hörte Gott auf, Jane zu lieben, als sie schrieb $7 \times 9 = 73$.

Hörte Gott auf, John zu lieben, als er jemanden niederschlug?

Was sagte Jesus zu Maria Magdalena?

Gott, das Urbewusstsein, ist unveränderlich. Gott reagiert nicht auf unsere Taten. Wir können subjektiv, aus unserer Sichtweise heraus, aus der Reihe tanzen und dann strafen wir uns selber und müssen, in diesem oder einem der kommenden Leben die Lektion nachholen.

Gott kann nicht verletzt werden. Das einzige das er kann ist, zu Lieben. Wir sind ein Produkt seiner Liebe. Das schließt alle ein,

den weinenden Mike, Jane die 7x9=73 schreibt, John, der jemanden niederschlägt und auch Mary.

Wir müssen die Konsequenzen unserer Fehler tragen. Oft ist das
sehr schmerzhaft. Bevor wir bei Gott ankommen, müssen wir alle
Lektionen lernen. Die Richtung und unserer sicheres Ankommen
ist uns als Erbe gegeben.

Geben wir doch den Worten "schlecht" und "Hölle" keine Energie. Es sind Worte, keine Realität. Sünde ist Machtlosigkeit und
das Fehlen von Einsicht.

Natürlich brauchen wir in dieser Welt Ordnung und Verantwortung. Wir können sogar aufgerufen sein, andere zu korrigieren
und zu bestrafen. Wir helfen ihnen dann dabei, zu lernen und zu
wachsen. Aus Liebe!

Lasst uns daran denken, wenn jemand seinen Nachbarn verletzt.
Lasst uns daran denken, wenn jemand uns verletzt. Lasst uns
daran denken, wenn jemand unser Kind verletzt.

Du, Menschenkind
Ich liebe dich.
Bist unterwegs,
Der Weg ist schwer,
Ich weiß.

Du, Menschenkind,
Ich liebe dich.
Wo bist du heut?
Die Welt ist groß.
Wir klein.

Du, Menschenkind,
Ich liebe dich.
Du weinst und lachst,
Du isst und trinkst.
Was sonst.

Du, Menschenkind,
Ich liebe dich.
Du lügst? hast Angst?
Die Wahrheit kommt.
Wart ab.

Du, Menschenkind,
Ich liebe dich.
Wo bist du heut,
Auf deinem Weg?
Ein Fremdwort noch?

Du, Menschenkind,
Ich liebe dich.
Bist Bettler oder König du?
Verstrickt in All'm?
Versteh'.

Du, Menschenkind,
Ich liebe dich.
Umarme dich
Wo du auch bist.
Ich, Adrian

Zu Besuch beim Boss

Es gibt eine Firma, die Öffentlichkeitsarbeit betreibt und sie haben eine Computerabteilung, die sich mit der Organisation der Adressen etc. beschäftigt, und dann gibt es die eigentliche Abteilung für Öffentlichkeitsarbeit, die Kontakte zu den Kunden pflegt und die kreative Arbeit erledigt. Die Abteilung für Öffentlichkeitsarbeit ist gar nicht zufrieden mit der Computerabteilung, da diese alles durcheinander bringt.

Johny, ein junger Mann aus der Computerabteilung, besucht seinen Onkel Bill, der der Boss der Firma ist. Johny erzählt seinem Onkel, dass die Atmosphäre so schlecht sei und wie die Arbeit vorangeht. Die Reaktion von Onkel Bill: "Mach dir keine Sorgen, Johny, alles gestaltet sich genau so, wie der Aufsichtsrat es geplant hat. Die Computerabteilung existiert nun seit 4 Monaten und wir erwarten erst nach Ablauf von 9 oder 10 Monaten gute Arbeit."

Johny erzählt am nächsten Tag seinem Abteilungsleiter von Onkel Bill und von dem Moment an ist jeder sehr glücklich. Sie sehen ihre Fehler und lernen daraus. Sie bitten die Abteilung für Öffentlichkeitsarbeit, klar und direkt mit ihrer Kritik zu sein, damit sie schnell lernen.

Vielleicht können wir daraus zwei Schlüsse ziehen:

1. Alles kann in Ordnung sein, sobald wir die Informationen der höchsten Ebene haben.

2. Es ist gut, immer mit dem obersten Boss zu sprechen, oder es mindestens zu versuchen.

Wahrheit suchen??

Wir sprechen über den Suchenden und viele Leute glauben, man könne das Wissen, das uns zur Erleuchtung führt, suchen. Natürlich ist das nicht wahr. Erst wenn wir den Wunsch nach mehr Wissen aufgegeben haben, können wir verstehen, sein, fühlen, erfahren ... und irgendwie wissen.

Diese Suche ist nicht eine Suche nach etwas, was wir als richtig oder wahr erkennen können. Das Richtige ist unendlich viel größer als wir und von einer anderen Ebene der Wirklichkeit. Da wir nicht wissen können was wir suchen, können wir nicht zielbewusst suchen. Es wäre wie eine Nadel im Heuhaufen zu suchen ohne zu wissen, wie eine Nadel aussieht.

Eine ganz andere Überlegung: Wenn wir auf „shopping tour" gehen um Wahrheiten zu finden, vergessen wir, dass wir oft nicht sehen von welcher Perspektive die Wahrheiten sind. Es ist, als ob man Stufen der großen Leiter sucht und vergisst, dass man Stufen von unterschiedlichen Leitern findet.

Wir können nur wachsen „auf einer Leiter". Es ist möglich, dass wir unterwegs die Leiter wechseln, aber das bedeutet nicht, dass wir ständig von einer Leiter zur anderen Leiter hin und her springen können. Dann würden wir nie oben ankommen.

Wir müssen eine Wahrheit = Stufe erreichen, sie ganz annehmen und unser Leben darauf ausrichten und wenn sie funktioniert, die nächste Wahrheit suchen... auf derselben Leiter. Unsere Perspektive kann mitwachsen in die Höhe, jedoch ständig „horizontal" verschiedene Perspektiven ausprobieren, funktioniert nicht. Höhere Perspektiven erreichen bedeutet, sich selber immer mehr relativieren. Unser Ich muss lernen, sich der Wahrheit unterzuordnen.

Was ist Materie?

Die meisten Menschen sehen Materie als etwas Gegebenes, etwas das ist und sich nach eigenen Regeln verhält. Meiner Meinung nach ist das ein Missverständnis und verhindert spirituelles Wachstum, sowie das Verstehen des Universums und der Evolution.

Von den Religionen des Ostens lernen wir, dass Materie nicht "real" ist, sie ist nur "Maya", Illusion. Das bedeutet nicht, dass sie unwichtig ist - ganz im Gegenteil.

Die Materie existiert "nur" im Bewusstsein des Schöpfers. Es existiert nichts, das anders wäre als Er. Er ist Alles, Eins. Wir sind seine Fantasie, seine Vorstellung, seine Träume, seine Ideen.

Wir können dies verständlich machen, wenn wir an unsere Träume denken. Wir können sehr wohl von Menschen träumen, die intelligent agieren, die in unseren Träumen materielle Dinge produzieren und benutzen. Das bedeutet, dass alle Eigenschaften der Materie in einem Traum vorhanden sind und funktionieren können. Und es bedeutet auch, dass die Menschen in unseren Träumen sich bewusst sind, was sie tun.

Deshalb denke ich, dass es einleuchtend ist, dass die Materie wirklich spirituell, geistig, ist.

Dieses Verständnis sollte die Basis unseres Denkens bilden. Falls das irgendeine Art von Angst auslöst, sollten wir in uns hineinhorchen, um den Grund dafür zu finden. Ist nicht das direkte Sein in unserem Schöpfer die sicherste Stelle, die wir uns vorstellen können?

Das nächste Thema wird natürlich lauten: Wie kann Gott mit seinem liebenden Bewusstsein diese furchtbare Welt schaffen!

Diese furchtbare Welt?

>>> Wie kann Gott in seinem liebenden Bewusstsein diese furchtbare Welt schaffen?<<<

Die Antwort ist ganz einfach: Die Frage ist Unsinn, es gibt keine furchtbare Welt!

Lasst uns versuchen herauszufinden, wann die Welt furchtbar zu sein scheint.

Johny, 2 1/2 Jahre alt, fällt über ein Spielzeug und zerstört dabei den wunderschönen Blumenstrauß, den seine Mutter eine Stunde zuvor gepflückt hat. Mutter ist echt traurig. Johnnys Welt gerät aus den Fugen.

Peter hat von seinem Vater Mark gelernt: Wenn dir jemand im Weg ist, dann tritt ihn. Peter ist eine junge Seele. In der Serie Leben ist er in einer Phase, wo er seine Grenzen ausprobieren muss, wo er ausprobieren muss, wie weit er gehen kann. Sein Vater Mark muss durch die negativen Folgen lernen, dass es eine wichtige Verantwortung ist, Kindern ein gutes Beispiel zu sein. Beide befinden sich in einer notwendigen Phase einer guten Entwicklung.

Ja, aber warum ist all das Lernen notwendig? Warum sind wir nicht gut von Anfang an? Das wäre für jeden so angenehm.

Ein menschliches Wesen ist kaum zufrieden zu stellen. Wir gewöhnen uns an einen hohen Standard von Freundlichkeit, zum Beispiel, und wenn dann jemand vergisst, uns beim Händeschütteln anzusehen, sind wir schrecklich irritiert.

Ja, aber warum sind menschliche Wesen kaum zufrieden zu stellen? Warum sind wir nicht perfekt und glücklich von Anfang an? Einfach immer?

Nun, wenn das so wäre, gäbe es überall die perfekte Harmonie. Alles befände sich in einer bewussten Einheit mit Gott. Alles wäre Eins mit Gott. Es gäbe keine separaten Wesen mehr, es gäbe keine Schöpfung. Die Schöpfung an sich beruht darauf, dass es Harmonie und Disharmonie gibt. Was wir im täglichen Leben Realität nennen, besteht aus schwarz und weiß, hart und weich, schön und hässlich, und dem sogenannten Guten und Bösen.

Wieso "so genannt"? Wie schon gesagt, formt das Böse immer eine Phase in einer guten Entwicklung und ist, von einem höheren Standpunkt aus gesehen, gut. Gut und Böse als solche sind Illusionen. Der Grund, warum uns beigebracht wurde, dass "böse" schlecht ist, ist, dass es auf die Dauer gesehen dumm ist, böse Dinge zu tun. Auf unserem Weg zum letzten Ziel bedeutet etwas Schlechtes zu tun, dass wir an einer Kreuzung die falsche Straße gewählt haben und nun einen Teil der Straße zurückgehen müssen.

Der Grund, warum manchen von uns beigebracht wurde, Gott sei traurig oder beleidigt, wenn wir subjektiv etwas Schlechtes täten, ist, dass wir etwas tun, was in unserer Welt die Harmonie stört und Gott symbolisiert Harmonie. Natürlich kann Gott nicht verletzt werden. Er/Sie ist zeitlos und unveränderlich.

Wenn wir Gott bewusst beleidigen, verletzen wir subjektiv die Harmonie und - vielleicht unbewusst - wissen wir, dass wir den Weg zur Harmonie zurückgehen müssen, meistens indem wir Schwächen und Vorurteile ablegen.

Aus der Perspektive von Gott gesehen, verlassen wir keinen Bruchteil einer Sekunde die Harmonie.

Wir sind immer auf unserem Weg von Ihm zu Ihm hin. In der Zwischenzeit wachsen wir und machen Erfahrungen, um mit Ihm schlussendlich in Glückseligkeit und Vollkommenheit vereint zu sein.

Wahrheit

Gott, der Ursprung, wird auch "die letzte Wahrheit" genannt. Es ist äußerst wichtig zu verstehen was Wahrheit ist.

Ich beziehe mich nicht auf philosophisches Wissen, ich definiere Wahrheit für meinem persönlichen Gebrauch und hoffe, es bringt euch zum Nachdenken über diese Angelegenheit.

Wenn ich sage, "Regen ist gut", weil mein Garten Wasser braucht, dann spreche ich die Wahrheit. Wenn jemand nun sagt, "Regen ist schlecht", weil er ihm die Ferien verdirbt, dann sagt er die Wahrheit. Aber etwas kann nie zwei gegensätzliche Eigenschaften haben. Zu sagen: "Regen ist gut und schlecht" wäre ein Verstoß gegen die Regeln des Denkens.

Aber in unserem täglichen Leben ist in vielen Fällen das Gegenteil einer Aussage in einem anderen Kontext, auf einer andere Ebene, von einem anderen Standpunkt aus, wahr.

Meine Definition lautet: Wahrheit ist das Bündel von Aussagen, das auf einer gewissen Ebene, in einem bestimmten Kontext, Gültigkeit hat und anwendbar ist.

"Dieser Kuchen ist zu süß" kann in Deutschland wahr sein und in Spanien falsch.

In dieser Welt ist die Frage ob etwas wahr ist, vom Standpunkt des Sprechers abhängig. Das ist wenigstens immer wahr, glaube ich. Und das ist gut und soll anerkannt werden. Niemand weiß die richtige Antwort für alle Situationen.

Und dann kann es natürlich von unterschiedlichen Standpunkten aus unterschiedliche Definitionen für das Objekt einer Aussage geben. Der Satz: "Der König ist in Sicherheit gebracht" bedeutet für den Schachspieler etwas völlig anderes als für den Feldherrn. Sehr oft ist der Unterschied aber klein und wird nicht bemerkt. Missverständnisse sind das Resultat.

Es ist ein gutes Training, jedes Mal, wenn es Meinungsverschiedenheiten oder Missverständnisse gibt, zu prüfen, ob die Standpunkte und Definitionen identisch sind. Es braucht Training um unterschiedliche Standpunkte zu erkennen.

Eine Beurteilung erfolgt immer - ob bewusst oder nicht - mit einem bestimmten Ziel vor Augen. Gut? Gut wofür?

So lange keine Übereinstimmung über Definitionen und Standpunkte besteht, ist ein Streitgespräch darüber, wer Recht hat, unsinnig.

Es kann vorkommen, dass eine Aussage als richtig empfunden wird von zwei verschiedenen Standpunkten aus. Im Satz: Regen ist gut (Garten) und Regen ist gut (Grundwasserspiegel), besteht keine Übereinstimmung. Das kommt viel öfter vor als wir normalerweise annehmen würden.

Je höher die Ebene, desto mehr Wahrheiten gibt es, die auf vielen Ebenen Gültigkeit haben. Es gibt in Raum und Zeit keine allumfassenden Regeln.

Wenn wir eine Behauptung analysieren, können wir oft auf die Ebene des Sprechers schließen. Wenn ich sage: "Es gibt kein Gut und Böse", könnte ein Lehrer antworten: "Aus Ihrer Sicht haben Sie Recht, aber aus meiner Sicht der täglichen Praxis gibt es Gut und Böse." Jemand anders könnte reagieren mit: "Ihr Standpunkt ist überhaupt nicht realistisch, es ist Unsinn einen Standpunkt außerhalb der Realität einzunehmen."

Je mehr unterschiedliche Aussagen wir als wahr für eine bestimmte Ebene empfinden können, desto höher sind wir auf der Leiter emporgestiegen. Gesehen von ganz oben sind alle Sprossen gleich wichtig.

Reinkarnation und Karma

Wenn ich mich in dieser Welt so umschaue, scheint es schwierig zu sein, sich einen liebenden Gott vorzustellen.

Wenn ich glaubte, ein menschliches Wesen habe nur ein Leben und an all die völlig "nutzlosen" Leben um uns herum denke, wenn ich die Grausamkeit mancher menschlichen Schicksale sehe, denen Bitterkeit folgt, dann könnte ich mir keinen liebenden Gott vorstellen.

Wenn aber solche Leben eine Zeit des Lernens einer extrem schwierigen Lektion sind, dann kann ich das problemlos akzeptieren. Dann ist das Resultat positiv und der Lehrer ist ein liebender Lehrer.

Diejenigen, die mit mir meinen, dass Reinkarnation ein sehr gutes Modell ist für unser Verständnis, gehen davon aus, dass jedes menschliche Wesen sich im Laufe vieler Leben entwickelt. Das Wesen entwickelt sich vom Zeugungsgedanken Gottes bis es wieder vereint ist mit Gott in letzter Erleuchtung.

Der Pfad führt über Berge und durch Täler. Entwicklung findet nur statt, wenn man hinfällt und wieder aufsteht.

Denken wir an ein Kind, das herausfinden muss, wo es lebt und wo seine Grenzen sind. Dieses herauszufinden ist absolut notwendig. Aber um die Grenzen herauszufinden, muss man diese übertreten. Dasselbe passiert bei der Entwicklung eines menschlichen Wesens im Laufe des Reinkarnations-Zyklus. Es muss seine Grenzen finden, indem es diese Grenzen überschreitet. Das ist eine notwendige Phase einer perfekten Entwicklung. Jedes menschliche Wesen, jedes Selbst, muss seine eigenen Erfahrungen machen, um zu lernen, was "gut" und "böse" ist. Erst auf den wenigen letzten Stufen der Leiter können wir durch unsere Sehnsucht und durch direkte Einsicht vorankommen.

Das bedeutet, dass alle "schlechten" Dinge, die wir in dieser Welt sehen, eine notwendige Phase einer guten Entwicklung sind und deshalb, von der höheren Warte betrachtet, gut sind. Das bedeutet nicht, dass wir schlechte Handlungen akzeptieren müssen. Im Gegenteil, das gegen Grenzen verstoßende Individuum braucht für sein Lernen unsere menschliche Reaktion. Genauso brauchen wir für unser Lernen auch seine grenzüberschreitenden Handlungen.

Die Religionen des Orients sprechen von Karma. Oft wird es als eine Art Bestrafung verstanden, und wenn wir all unsere Bestrafungen verbüßt haben, sind wir frei und erleuchtet.

Ich bin der Meinung, so sollte das nicht verstanden werden. Gott bestraft nicht. Niemals. Aber wir müssen natürlich die Konsequenzen unserer Handlungen tragen. Wenn wir z.B. so weit gingen, das wir einen Mitmenschen töten, bedeutet das, dass unser Charakter an einer Stelle schwer gestört ist. Diese Störung muss durch Erkennen geheilt werden. Und, wie wir wissen, Erkennen-müssen ist oft unangenehm. Also, wenn wir etwas "Schlechtes" tun, werden wir durch viele schwierige und unangenehme Situationen hindurchgehen müssen, um unsere Missverständnisse zu beheben. Das ist es, was das Gesetz des Karma genannt wird.

Weil viele das Karma als eine Ausrede für ihr Handeln oder Nicht-Handeln einsetzen, möchte ich lieber Karma definieren als den Weg, den wir noch gehen müssen. Wenn wir dem rechten Pfad nicht folgen, müssen wir einen Umweg in Kauf nehmen. Aber unser Weg ist ein Weg des wieder Heil-Werdens, in Harmonie mit Allem. Der Heilungsprozess führt zurück zur Einheit mit dem Schöpfer. Die Geschichte des Verlorenen Sohnes, der von seinem Vater mit Freude wieder angenommen wird, ist symbolisch dafür.

Nur die Schwierigkeiten in unserem Leben können zu dem vollkommenen Glück führen, Sein lebendes Gedächtnis zu werden.

Was sollen wir im täglichen Leben also tun?

Wenn wir es schaffen, sehr liebevoll, klug, wach und aufmerksam zu sein, dann können wir wissen, was gut für uns und für die Menschheit ist. Wir brauchen dann nicht mehr die Grenzen zu finden, indem wir sie überschreiten. Wenn wir sehen, dass wir noch nicht so klug sind, dann können wir uns selbst vielleicht als Kind betrachten, das seine notwendigen Erfahrungen macht - und dieses Kind lieben - uns selbst auf dem Weg immerwährend lieben.

Geboten aus Furcht zu gehorchen, hilft uns nicht weiterzukommen. Weiterkommen ist wachsen, und wir können nicht wachsen, indem wir Geboten aus Furcht oder Scham folgen..... und Wachsen ist der einzige Weg, um anzukommen. Wir sollten darum Scham und Furcht durch Einsicht und Liebe ersetzen.

Liebe

Da Liebe wenig mit Intellekt zu tun hat, werde ich versuchen, mein Herz sprechen zu lassen.

Liebe kann nur von dem Mann oder der Frau gefunden werden, der oder die sich nach Wahrheit sehnt und danach, die Realität zu erkennen, so wie sie ist.

Liebe erreicht man, indem man viele Stadien durchquert.

liebe, liebE, Liebe, LiEBe........ LIEBE.

Wir lieben die Rose, wenn wir uns beim Betrachten vergessen.

Liebe ist aufmerksam und begierig zu verstehen.

Mein Liebling,
Es ist nicht
Weil du so gütig bist,
dass ich dich liebe.

Mein Liebling,
Nicht das,
Was du mir bedeutest
Macht mich dich lieben.

Nur du bist es,
Deine Sehnsucht,
Deine Augen....
Deine Freude und dein Leid
Und auch deine Angst
und deine Ungeduld.

Es ist deine Energie,
Dein Wesen,
Mein Liebling.

Ich finde, du hast das sehr gut gemacht ...
Und meine Liebe schwindet.

Ich bewundere deine Art zu gehen ...
Und meine Liebe schwindet.

Mein Gott,
Lass mich verstehen,
Dass Beurteilen
Und Genießen
Nicht die Liebe ist, die Du bist.

Mein Liebling,
Danke für deine Toleranz.
Sie gibt mir Raum zu leben.

Mein Liebling,
Danke für deine Geduld.
Sie gibt mir die Zeit zu leben.

Aber, meine Liebe,
Warum machst du es nicht alles Eins?
Warum liebst du mich nicht?

Mein Liebling,
Ich weiß,
Lieben bedeutet sich verschenken.
Macht dir das Angst?

Kein Grund....
Fang an, dich selber zu lieben,
Jede deiner Weisen.

Dann wirst du entdecken,
Dass beim Verschenken
Dir nichts genommen werden kann.

Schwierig, mein Liebling?
Natürlich.
Solch große Freude zu finden
Kann nicht leicht sein.

Vergiss nicht, mein Liebling,
Dass du nur dann
Ein wertvolles Geschenk bist,
Wenn du dich zunächst
Um dich selber kümmerst,
Wenn du dich selber liebst,
Alle deine Weisen.

Und in der Zwischenzeit
Sei dir immer bewusst,
Geschenke werden gegeben,
Nicht genommen.

Mein Liebling,
Du fragst
Wie soll ich mich selber lieben?

Sehr einfach.
Schau dir an,
Wie du geliebt werden möchtest.

Weißt du noch wie ich dich liebe?

Nur du bist es,
Deine Sehnsucht,
Deine Augen...
Deine Freude und dein Leid.
Und auch deine Angst und deine Ungeduld.
Es ist deine Energie,
Dein Wesen,
Mein Liebling.

Fühlst du dich abhängig,
Meine Liebe?
Und brauchst du es doch
Zu deinem Glück?

Fühlst du dich verbunden,
Meine Liebe?
Und sehnst du dich doch
Nach Freiheit?

Meinst du,
Meine Liebe?
Dass du gebraucht wirst?
Bist du es, die sie brauchen?

Ist die Verantwortung weniger schwer,
Wenn du abhängig bist?
Fühlst du dich sicherer,
Im Zusammensein?
Fühlst du dich nützlich,
Wenn du gebraucht wirst?

....

Oder ....

Kannst du wissen
Dass du abhängig bist,
Und lächeln
Und dich frei wissen.

Kannst du wissen
Ihr seid zusammen,
Und lächeln
Und dich frei wissen.

Kannst du wissen
Dass man dich braucht,
Und lächeln
Und dich frei wissen.

Liebe und Freiheit
Gehen nur Hand in Hand.

Ich habe etwas
Verrücktes entdeckt.
Mein Liebling.

Jedes Mal
Wenn ich dich nicht verstehe ...
Jedes Mal
Wenn du mir fremd bist,
Ist es meine Liebe,
die versagt.

Bedenk aber
Mein Liebling,
Weder Verstehen
Noch Liebe
Bedeuten immer Zustimmung.

Vollkommene Welt?

Viele Leute streben nach einer perfekten Welt. Diese Leute möchten die Welt komplett ändern in eine Welt, in der jeder weise ist und liebevoll zu seinen Mitmenschen.

Meiner Meinung nach funktioniert das so nicht. Wie ich vorher bereits sagte, glaube ich, dass alles und jeder auf seinem Weg ist, in einer notwendigen Phase einer perfekten Entwicklung, in einer Entwicklung vieler Leben hindurch. Meiner Meinung nach schickt Gott permanent neue Kinder zur Schule. Die erste Klasse nimmt die jungen Seelen auf, die einfachen, die gerade erst anfangen, sich ihrer selbst bewusst zu sein. Und in der 10. Klasse sind die wenigen Erleuchteten, die dieser Welt nicht mehr verhaftet sind. 99% der Seelen befinden sich in den Klassen 2 bis 9. Aber alle Menschen werden die 10. Klasse erreichen. Nach vielen oder sehr vielen Leben.

Sind wir in der 4. Klasse weniger wert in Gottes Augen als die in der 6. Klasse? Natürlich nicht. Alle Menschen sind Funken Seines Bewusstseins. Gott will unsere Erfahrungen machen. Er ist wir.

Nun, falls mein Bild mehr oder weniger korrekt ist, dann wird die Welt immer aus Menschen bestehen, die über alle Klassen verteilt sind. Also wird es immer Menschen geben, die dabei sind, durch Fallen und Aufstehen, zu lernen, die Wahrheit zu sprechen, seinen Nachbarn nicht zu töten, 6x7 zu multiplizieren, einen Staat anständig zu regieren, usw.

Es wird niemals eine perfekte Welt geben, wie viele von uns sie sich wünschen. Sie wird immer eine Schule sein, mit Schülern in allen Klassen.

Nun ist es extrem wichtig, sich klarzumachen, dass diese Schule als solche vollkommen sein kann; tatsächlich vollkommen ist.

Wenn wir das verstehen und erfahren können, finden wir uns in einer vollkommenen Welt wieder. Hier und jetzt.

Schmerz ist Gnade

>>> .... und nun, wie umarme ich den Schmerz?<<<

Durch Einsicht und Training.

Es gibt Leute, die schreien, wenn sie einen Blutflecken auf ihrer Haut sehen. Es gibt Leute, die schreien, wenn sie einen Hinweis bekommen, dass da etwas ist, worum sie sich kümmern sollten.

Es gibt mehrere Arten von Schmerz. Über die Schmerz-Arten, die ich überhaupt nicht kenne, kann ich nichts aus eigener Erfahrung sagen.

Die andauernden extremen Schmerzen, die es bei bestimmten Krankheiten gibt, habe ich nicht erfahren. Auch habe ich natürlich keine Kinder geboren. Wenn ich diese Schmerzen mit seelischen Schmerzen vergleiche, die ich wohl kenne, nehme ich persönlich aber an, dass auch diese körperlichen Schmerzen einen ausgesprochen positiven Sinn haben. Akzeptierte Schmerzen bringen uns ein großes Maß an Freiheit. Freiheit von Angst vor den Alltagsschmerzen. Starke Schmerzen können also einen Schnellkurs bedeuten, mit dem Gott uns Gelegenheit gibt, diese Freiheit zu erlangen.

Ein anderes Ziel von Schmerzen kann vielleicht auch sein, uns bewusst zu machen, welche Schmerzen Menschen haben können. Wie können wir echt lieben und jemanden mit unerträglichen Schmerzen begleiten, ohne eine Vorstellung zu haben von dem Leid dieser Person und ohne das Wesen und die Relativität der Schmerzen zu durchschauen.

Im täglichen Leben ist Schmerz aber eigentlich nichts anderes als ein Signal. Die meisten von uns können Schmerz nicht nur als ein Signal interpretieren, aber es ist sehr wohl möglich.

Warum sollte ich einem Schmerz nicht danken und ihn achten? Er sagt doch dem Kind, es soll den heissen Herd nicht anfassen... er sagt doch dem Erwachsenen, er solle nicht so schnell fahren ... und all die anderen Dinge, die noch viel mehr schmerzen, wenn wir die Signale nicht gelernt haben zu interpretieren. Schmerz ist Gnade.

Wie könnten wir ohne all die Signale leben, die uns anzeigen, dass Aufpassen angesagt ist? Schmerzende Füße, Nießen, brennende Augen, usw.

Oft hat Schmerz das Ziel, uns zu sagen, dass es etwas gibt, worum wir uns kümmern sollten, oder dass wir etwas Unkluges getan haben. Trainieren wir uns, den Schmerz anzusehen, uns zu fragen, was er uns sagen will und dann dankbar zu sein.

Mai

Ich steh an meinem Grab,
Für morgen oder irgendwann.
Die Bäume, wie sie sind im Mai,
Im Sprießen, Blühen, tausendfach,
Ergötzen sich in ihrer neuen Kraft.
Oh Welt von komm' und geh',
Ich liebe dich so sehr.

Ständig höchstes Bewusstsein?

Viele Leute, die sich spirituell entwickeln, glauben, sie sind erst gut, wenn sie sich ständig in einem Bewusstsein der göttlichen Einheit, der vollkommenen Glückseligkeit befinden. Sie fühlen sich unzufrieden, wenn das nicht gelingt.

Meiner Meinung nach ist das nicht richtig.

Es gibt eine Ebene des Bewusstseins, die Einheit mit dem Höchsten bedeutet, und es gibt eine Ebene des täglichen Lebens.

Diese Ebenen kann man nach meiner Meinung nicht als vergleichbar betrachten. Die höhere Ebene enthält auch die untere, die untere ist in der höheren eingebettet. Wir können konzentriert sein auf die Sachen dieser Welt und zu gleicher Zeit wissen wir, dass wir zur All-Einheit gehören.

Ein Vergleich. Ich bin Holländer. Ich denke vielleicht einmal in der Woche daran. Aber wenn ich die Nationalhymne höre, bin ich ganz dabei und stolz. Wenn ich meine Sprache höre (ich lebe im Ausland), bin ich ganz aufmerksam.

In derselben Weise bin ich Eins mit Gott. Ich weiß es nicht nur, es ist tief in meinem Unterbewusstsein, in meiner Seele, verankert. Es ist immer da und kann durch nichts beeinflusst werden. Sogar dann, wenn ich (mein Körper mit seinen Trieben) dumme Dinge tue, bin ich ununterbrochen Eins mit Gott. Er hört nicht auf mich zu lieben und so höre auch ich nicht auf, mich zu lieben.

Versuche also zu verstehen, dass die Schöpferkraft dich keinen Bruchteil einer Sekunde verlässt. Das genügt. Das Verstehen und Akzeptieren wird aus eigener Kraft aus dem Unterbewusstsein hochkommen und dein Wesen durchdringen. Und dann - eines Tages - wird diese Energie dir von ihrem Glück erzählen und dein gesamtes Bewusstsein in ihr Reich führen.

Es wird dein Spiel und deine Arbeit durchdringen. Am Anfang ändert sich noch nicht viel. Aber die Ausstrahlung von Frieden wird von dir Besitz ergreifen.

Mein Ego töten?

Die meisten Leute sagen an einem Punkt ihres spirituellen Weges, sie müssten ihr Ego töten. Schauen wir uns das mal an.

Der Egoismus ist die angeborene Kraft, die uns Dinge tun lässt, die für uns gut sind. Die Kraft arbeitet schon für die Tiere. Die Tiere tun, was sie als angenehm erfahren und vermeiden, was sie als unangenehm empfinden. Die Verknüpfungen "angenehm und nützlich" und "unangenehm und falsch" sind angeboren. Auch der Drang zu handeln, wenn es angenehm=nützlich ist, ist angeboren. Die Evolution regelt nach diesem Prinzip die Auswahl der Lebensfähigsten, der Stärksten und der Gesunden.

Dann kamen die Menschen, und sie haben etwas besonderes, sie sind intelligent. Wow! Sie können herausfinden, wie man angenehme Erfahrungen machen kann, ohne darauf zu achten, ob die Folgen positiv sind. Sie können herausfinden, wie man dem Unangenehmen ausweichen kann, auch wenn man dafür etwas Falsches machen muss.

Die nötigen Regeln für das positive, nützliche Handeln, die wegen Mangel an Einsicht bei den Massen in Geboten gefasst wurden, werden in dem Maße, wie der Mensch sich selbständiger einschätzt, vernachlässigt und abgewiesen.

Das Angenehme wird gesucht, ohne zu Wissen über die Verbindung angenehm-nützlich. Und weil der Durchschnittsmensch sich nicht verantwortlich fühlt für seine Mitmenschen und für die Zukunft, wird das Angenehme, das Komfortable, das Leckere, allgemein als Richtlinie angenommen.

Diejenigen, die meinen das zu durchschauen, sagen: das Angenehme darf keine Richtlinie sein. Wir müssen unser "Ego töten", unser Ego opfern für das Gute. Nur so kann Egoismus beendet werden.

Ich halte das für falsch. Was wir tun müssen, ist die Verbindung angenehm-nützlich und unangenehm-falsch wieder herstellen. Wir erreichen das, indem wir sehen, dass alles auch für uns jetzt viel besser wäre, wenn unsere Vorfahren realisiert hätten, dass das was gut ist für die Menschheit, auch gut ist für den individuellen Menschen. Wir erreichen das, indem wir uns mitverantwortlich fühlen für den Nächsten, für die Umwelt, für unsere Kinder und Enkelkinder. Wir müssen lernen zu erfahren, was gut und angenehm ist für uns und für die Menschheit, jetzt und in der Zukunft. Und wenn das errungen ist, ist unser Ego unser Freund, der uns die Energie gibt zu tun, was gut ist.

Wenn wir unser Ego töten und das Angenehme nicht mehr als Richtline gebrauchen dürfen, sind die Vorschriften unsere Richtlinie, aber wir haben keine treibende Kraft mehr, ihnen zu folgen. Wir meinen, Gutes zu tun bedeute notwendigerweise Opfer zu bringen und etwas Angenehmes zu tun, verpflichtet uns zu Schuldgefühlen. Welch ein dramatisches Missverständnis!

Sollen wir Sex im Dunkeln haben?... tief unter der Decke begraben und uns anschließend schuldig fühlen? Das ist natürlich Unsinn.

Wir können - auf völlig menschliche Art und Weise - unsere Intelligenz zusammen mit unserem Egoismus benutzen, um die Dinge richtig zu machen. Wir müssen nur unserem Ego, z.B. sagen: Das tägliche Essen einer Tafel Schokolade ist eine Sucht, und die Sucht hindert uns am wirklichen Genießen... außerdem ist es ungesund. Unsere Sexualität unbedingt jeden Tag auszuleben, ist eine Sucht und nicht mehr die freudige Feier des Eins-Seins. In eine funktionierende Ehe einbrechen ist ein Zeichen für fehlende Selbstbeherrschung und Liebe und hält uns davon ab, Fortschritte auf unserem spirituellen Weg zu machen; und... lügen ist Sand im Getriebe der Menschheit und es ist viel besser für jeden, wenn wir gültige Information weitergeben und empfangen.

Und wenn wir mit dieser neuen Information Egoismus leben, wird er zu unserem besten Freund. Es ist eine angeborene Kraft, auf die wir nicht verzichten sollten.

Natürlich soll unser Ego frei werden, frei von den alten Zwängen, die von der Entfremdung von angenehm und gut herrühren.

Gebote

Die Kirchen, zumindest die, die ich kenne, sagen, es gibt Gut und Böse und wenn du etwas Böses tust, dann bist du schuldig und häufst Schuld an. Und die Kirche lehrt dich, wie du es besser machen kannst und wie du die Schuld loswirst.

In meinen Augen ist das vollkommen verkehrt.

Als Moses vom Berg hinabstieg, hatte er Einsicht darüber gewonnen, wie die Menschen, die Menschheit, überleben und glücklich sein könnte. Die Bibel nennt das die 10 Gebote. Doch ich bin überzeugt, dass es nicht eine Äußerung von machtvollen Vorschriften war und dass es nicht um die Frage des Gehorchens ging. Es war nur hilfreiche Liebe.

Alle sogenannten Gebote sind zu unserem Vorteil gemacht und wenn wir sie achten, spüren wir und die andern die positiven Konsequenzen. Zu versuchen, keine Fehler zu machen aus Angst andere zu verletzen, hört sich gut an, aber ich bin der Meinung, dass es besser ist, unsere eigene Liebe in den Mittelpunkt zu stellen. Furcht ist immer ein schlechter Ratgeber und verhindert persönliches Wachstum.

Warum ist die eine Sache gut und die andere schlecht? Das hängt von der Zielsetzung ab. Wenn ich schlecht schieße, treffe ich das Ziel nicht. Jedes Mal, wenn wir uns fragen, was gut und was böse ist, sollen wir uns klar machen, was das Ziel ist.

Alle Gebote haben ein Ziel. Ohne Ziel sind Gebote sinnlos. Gott will uns nicht quälen. Die meisten Ziele sind gar nicht so schwer zu verstehen.

Wenn wir sie missachten, vergessen wir, das das Wohlergehen der Menschheit auch dem Einzelnen mehr nützt als das Verfolgen seines Triebes nach Reichtum, Macht und Status.

Lügen und Gier machen aus unserer Welt ein Chaos von kleinlichen Einzelgängern.

Wir sollen unsere Eltern nicht ehren, weil diese das erwarten, oder weil es ein Gebot ist, sondern weil wir das für unseren stabilen Charakter brauchen und um ein kulturelles Fortschreiten zu ermöglichen. Und natürlich weil es die Äußerung unserer liebevollen Einstellung ist.

Der Hintergrund der Gebote ist ein Verantwortungsgefühl für uns selber und für unsere Mitmenschen, jetzt und in Zukunft. Wie unglaublich viel besser wäre die Welt jetzt, wenn der Mensch dieses Verantwortungsgefühl immer praktiziert hätte! Und wollen wir das nicht unseren Kindern auch gönnen?

Manchmal sagen wir: Man kann alles lernen, nur das Leben selbst nicht. Aber wir können viel lernen, wenn wir uns die Ziele hinter all dem, was wir zu tun haben, ansehen. Dann erweitert sich unser Bewusstsein und die guten Handlungen werden normal und selbstverständlich. Und wenn wir die guten Ziele hinter einer Vorschrift nicht finden können, dann fragen wir die Leute, die es angewiesen haben. Warum sollte man nicht einen Polizisten fragen, warum diese Straße in dieser Richtung gesperrt ist

Wenn wir jung sind und unmöglich erkennen können, wie die Dinge zusammenhängen, ist es vernünftig, zu gehorchen. Aber wenn wir älter werden ist es besser, nach den Zielen, den Absichten hinter den Vorschriften zu fragen, mit einer positiven Einstellung, und dann auf unser Herz zu hören.

Unbewusste Überzeugungen

Wir alle haben Muster von Überzeugungen. Z.B.: Reich ist besser als arm. Falls dies auch eine meiner Überzeugungen ist, dann werde ich in den meisten Fällen einer reichen Person mehr Respekt entgegenbringen als einer armen. Ich werde arme Leute nicht einladen. Ich ziehe es vor, in einem Viertel zu leben, das sich in einem Teil der Stadt befindet, wo die Leute mindestens mein Einkommen haben, usw.

Hübsch ist besser als hässlich. Ich vermeide intuitiv Leute mit einem entstellten Gesicht. Ich meine, solche Leute sollten nicht zu einer öffentlichen Veranstaltung kommen. Natürlich ist ein Gespräch mit einer schönen Frau angenehmer, als mit einer Frau, die ein ausdrucksloses Gesicht hat. Als Arbeitgeber habe ich gern ein sehr gut aussehendes Mädchen als Sekretärin.

Intelligent ist besser als nur durchschnittlich begabt. Ich glaube, dass intelligente Leute viel interessanter sind. Sie verstehen wenigstens, wie die Gesellschaft funktioniert. Ich kann ihnen Fragen stellen und sehr oft könnten sie mir helfen. Man kann nur dann genug für ein normales Leben verdienen, wenn man intelligent ist, usw.

Und dann - eines Tages - verliebe ich mich in eine Frau, die gar nicht hübsch ist, die noch nicht einmal ein Konto bei der Bank hat und die, wenn ich meine Lieblingstheorien mit meinem besten Freund diskutiere, nur lächeln kann. Aber sie ist so charmant. Sie kümmert sich um sich und um mich, als ob wir Eins wären. Sie versteht sofort jede Situation und folgt ihrer liebevollen Eingebung. Sie sieht immer, was getan werden muss, aber sie ist niemals in Eile und niemals nervös. Sie sieht immer die komische Seite und kann herzlich lachen, ohne jemals jemanden zu verletzen.

Mein Gott, was tun?!

Andere Beispiele:

Ich weiß, dass ich manchmal lüge, aus Furcht, Faulheit oder Egoismus. Aber in dieser Welt ist es nicht möglich, immer die

Wahrheit zu sagen. Ich würde mich lächerlich machen. Ich würde zu viel Geld verlieren, wenn ich die ganze Wahrheit über meine Produkte sagen würde. Ich würde meiner Frau alles sagen müssen... das ist Unsinn.

Und dann - eines Tages - geht mir plötzlich im Bruchteil einer Sekunde auf, dass ich glücklich, frei und liebevoll sein könnte - Eins mit allem!

Mein Gott, was soll ich tun?

Es ist nicht leicht, diese kollektiven Annahmen beiseite zu legen. Unser tägliches Denken basiert darauf. Der erste Schritt ist, uns diese Sehnsucht nach Loslösung einzugestehen. Nur sehr wenige werden im Stande sein, die notwendigen Schritte konsequent zu tun. Meist brauchen wir ein oder zwei ernste Krisen. Aber das ist es wert.

Begreifen

Es gibt vier Phasen bei der Annahme einer Wahrheit:

1. Einen Satz, eine Mitteilung, intellektuell begreifen.

2. Diesen Satz nachvollziehen, mitfühlen und von Herzen bejahen.

3. Wenn Gedanken- oder Handlungs-Muster aufkommen, die mit dem Begriffenen nicht mehr übereinstimmen, diese sofort erkennen, kurz feststellen, dass sie nicht mehr aktuell sind und friedlich verschwinden lassen.

4. Die Gedanken- oder Handlungs-Muster, die mit dem Begriffenen strittig sind, kommen gar nicht mehr auf.

Zufrieden sein mit Phase 1, das heißt, eine Wahrheit nur intellektuell zu begreifen, kann die große Gefahr mit sich bringen, dass wir damit zufrieden sind und nicht realisieren, dass wir die neue Einsicht umsetzen und leben müssen, um davon Nutzen zu haben.

Eine Wahrheit, die nur intellektuell begriffen wird weiter zu geben, ohne die Bereitschaft, sie ins eigene Leben zu integrieren, ist Heuchelei. Leider kommt das bei sogenannten geistigen Wissenschaftlern oft vor. Diese Wahrheiten und Zusammenhänge wirken auf die Hörer wie ein auswendig gelerntes aber völlig unverstandenes Gedicht. Sie führen zu einem falschen Selbstbild und behindern damit die persönliche Entwicklung..

Einen Satz intuitiv nachvollziehen, mitfühlen und von Herzen bejahen... und anschließend als zu schwierig für das eigene Leben abzulegen, ist eine der wichtigsten Ursachen von ausbleibendem Wachstum. Eine als Wahrheit erkannte Einsicht verdient es, angenommen zu werden, wenn nötig unter Aufgabe der bisherigen Meinungen und Gewohnheiten.

Phase 3 ist ein weiter Weg. In dieser Zeit üben wir uns, die gewohnten, zu dem neu Erlernten in Widerspruch stehenden Gedanken und Handlungsimpulse sofort zu erkennen, sie zu beobachten und sie ohne viel Aufmerksamkeit als nicht mehr zutreffend abzulegen.

Wenn wir unsere "alten" ungewollt aufkommenden Gedanken zeitig erkennen und entsprechend der neuen Einsicht reagieren, sollen wir uns keine Sorgen machen, dass sie immer noch auftauchen. Sie stammen aus Gewohnheiten, aus "eingeschliffenen Rinnsalen" in unserem Großhirn, die Zeit brauchen um zu versanden. Und, wichtig: Wir sind nicht unsere Rinnsale!

Wir sind nicht unsere ungewollt aufkommenden Gedanken.

Wir sind die jetzt in unserem Gewahrsein erzeugten, zugelassenen und weitergeführten Gedanken und Handlungsimpulse.

Wenn wir weiter kommen wollen, müssen wir uns öffnen für das noch nicht Begriffene. Wenn wir alles Neue mit unseren aktuellen Einsichten beurteilen und danach handeln, kommen wir nie einen Schritt weiter. Wenn wir nach dem Höchsten verlangen und es ständig suchen, werden uns unaufhörlich höhere Wahrheiten präsentiert.

Nach meiner Auffassung ist es gut, neue Gedanken erst einmal ohne Kommentar aufzunehmen, damit wir die Gelegenheit bekommen, uns damit auseinander zu setzen. Nach kürzerer oder längerer Zeit sagt uns unsere Intuition - viel verlässlicher als unser Intellekt - ob und wie wir das Gehörte weiterverwenden können. Und mit der Erfahrung, die wir dann damit machen, können wir die neuen Einsichten auf ihren Wahrheitsgehalt überprüfen.

Schuld

Wenn ich 100 Euro bei meiner Bank abhole und ich habe kein Saldo, dann entsteht eine Schuld. Wenn ich mich verlaufe, bin ich schuld daran, dass ich zurück muss, oder einen Umweg machen muss. Schuldgefühl ist dabei natürlich Unsinn.

Schuldgefühl entsteht, wenn man meint, dass man für eine Dummheit eigentlich zu gut ist, oder wenn man sich schämt.

Das ist aber ein Riesenmissverständnis. Man ist immer wer man ist und nie besser. Wenn ich einen Fehler mache, bin ich jemand, der gelegentlich Fehler macht. Wenn ich mich verlaufe, bin ich jemand, der sich nicht immer richtig orientieren kann oder der nicht immer aufmerksam ist, oder jemand, der sich vorher nicht ordentlich erkundigt hat.

Und das ist natürlich in Ordnung. Ich kann die 100 Meter auch nicht in 10 Sekunden laufen. Ich muss kein Schuldgefühl haben weil ich unvollkommen bin.

Schuld Gott gegenüber ist auch Unsinn. Gott kann nicht verletzt werden, wir können Ihn nicht beleidigen. Gott kann nicht etwas fehlen weil wir etwas Blödes tun. Er, oder Sie, ist das höchste Wesen, das Urbewusstsein, das total unveränderlich und zeitlos ist.
Sogar wenn ich etwas gestohlen habe, ist das so. Natürlich muss ich das Gestohlene zurückbringen. Und anscheinend bin ich noch jemand, der es nicht lassen kann zu stehlen.

Wenn ich anderen Schmerz oder Schaden zugefügt habe, ist Trauer angesagt. Mein Trauer. Und ich muss feststellen, dass ich es in meiner Dummheit und Ohnmacht nicht vermeiden wollte = konnte. Und natürlich werde ich Schaden und Schmerz, auch in meinem Interesse, so gut wie in der Praxis möglich, wieder gut machen. Aber Schuldgefühl? Hat mein Fahrrad Schuldgefühl, wenn der Reifen platzt? Es ist einfach passiert und für mich selber bleibt nichts anderes übrig als das Geschehene beobachten und daraus meine Schlüsse zu ziehen.

Wenn ich mich auf den Weg mache zu einem wichtigen Termin und ich weigere mich bewusst auf meine innere Stimme zu hören, die deutlich sagt: "du musst die Straße auf dem Stadtplan noch mal nachschauen", dann bin ich halt jemand, der sogar bei wichtigen Sachen nicht auf seine innere Stimme hört. Dann bin ich schon weit auf dem verkehrten Weg und ich muss einen langen Weg zurücklegen, bevor ich wieder regelmäßig auf meine innere Stimme höre. Aber Schuld? Mir selber gegenüber?

Wenn ich meine, dass das Gute von Anderen kommen soll, gebe ich diesen Anderen oft die Schuld, dass es mir nicht gut geht. Dann bin ich halt jemand, dem es nur gut gehen kann durch die Unterstützung von Anderen. Auch da ist es ein langer Weg zurück zur Einsicht, dass das Gute nur in und durch mich selber geschehen kann.

Wenn ich mich verlaufen habe, ist dann das Zurückgehen-müssen eine Strafe? Vielleicht sogar Gottes Strafe? Welch ein Unsinn. Der Allmächtige sieht für uns einen Weg vor, um uns schlussendlich wieder voll bewusst mit Ihm zu vereinigen.

Das führt uns subjektiv gesehen oft durch Täler, aber wir sollen lernen, wie wir den höchsten Berg besteigen können. Das geht nicht in einem Leben, aber Erfolg ist garantiert. Und in jedem Leben kommen wir ein Stück weiter.

Wir sind alle immer in einer notwendigen Phase einer guten Entwicklung.

Und: Ich kann zwar tun was ich will, aber es ist mir nicht immer vergönnt zu wollen was ich will. Wie viele Tage in meinem Leben habe ich genau gewollt/getan was ich mir vorgenommen hatte?

Das Wollen unterliegt weitgehend der Kausalität.

Und alles worauf wir stolz sind, ist uns geschenkt, ist Gnade.

Nur das "Ja" sagen zum Leben macht uns Frei und Eins mit dem Schöpfer.

Bewusstsein und Gewahrsein

Wenn ich durch die Stadt fahre und ich habe einen interessanten Gesprächspartner neben mir, kann es leicht passieren, dass ich mir nach einiger Zeit bewusst werde, dass meine Aufmerksamkeit vollständig bei meinem Gesprächspartner war und ich, so zu sagen, vollständig automatisch alle Handlungen ausgeführt habe, die für das Autofahren nötig waren.

Anscheinend gibt es zwei Ebenen von Bewusstsein.

Ich rede in diesem Kontext von Bewusstsein und Gewahrsein. Bewusstsein haben alle Wesen und Gewahrsein haben nur die Menschen.

Ich definiere Bewusstsein als den Komplex von Eigenschaften, materielle und - wenn zutreffend - seelische, welche die Reaktionen des Objektes bestimmen. Ein Fels reagiert auf die Witterung mit seinen Eigenschaften. Eine Pflanze ebenso. Ein Kind, das den heißen Herd anfasst, zieht die Hand sofort ohne nachzudenken zurück. Ich betrachte diese Eigenschaften als das Bewusstsein des Objektes.

Diese Sichtweise wird bestätigt durch die Erkenntnisse der Wissenschaft, die feststellt, dass die Reaktion stattfindet bevor die betreffende Stelle des Gewahrseins im Hirn aktiviert wird.

Bei Menschen, die nicht fortgeschritten sind im bewussten Leben im Hier und Jetzt, die nicht geübt sind im Nachdenken über das Denken, verläuft das Leben weitgehend automatisch.

Das Leben im Gewahrsein gestattet uns, unser Bewusstsein zu erziehen.

Der Weg und die Beschilderung

So lange man nicht auch "im Bauch" weiß, dass wir mit Gott Eins sind und Gott mit uns Eins ist, ist das richtige Instrument der Entwicklung das Gebet. Das Gebet versetzt uns in einen Bewusstseinszustand der Demut und nur in diesem Bewusstseinszustand können wir wachsen.

Auch Gehorsam einem geeigneten Lehrmeister gegenüber bringt diesen Bewusstseinszustand mit sich. Aber auch dann muss ich beten, dass er der richtige Lehrmeister für mich ist, denn es ist gut möglich, dass man an einem bestimmten Guru "vorbeiwächst" und einen anderen finden muss.

Wenn man um Wahrheit, Liebe, Nähe zu Gott... betet, ohne jeglichen egoistischen Nebengedanken... ohne dass man vorher weiß, was Wahrheit, Liebe und Nähe zu Gott uns bringen werden, bekommt man sie garantiert. Wenn die Sehnsucht nicht von irgendwelchen Beigedanken getrübt wird, ist der Weg offen.

Dieser Weg ist auch dann noch lang. Es müssen so viele Muster abgebaut werden.

Unterwegs wächst das Glück ständig. Es wird immer weniger durch Enttäuschungen beeinträchtigt.

Wir brauchen dafür die Welt nicht zu verlassen. Wenn wir tun, was auf unserem Weg zu tun ist, in einer dienenden Haltung und zu gleicher Zeit frei, dankbar und stark, kann uns nichts mehr passieren. Das Himmelhochjauchzen und das Zutodebetrübt verlieren ihre Bedeutung. Es bleibt das unzerstörbare Glück des sich Eins wissen mit der Ersten Ursache.

Versuch's. Es lohnt sich.

Ich will Du sein
Öffne deine Augen
Und schrei' so laut du kannst.

Ich will Du sein.
Liebe deine Mutter,
Mach sie weinen und lachen.

Ich will Du sein.
Jetzt laufe zur Schule,
Sieh Freunde und spiel'.

Ich will Du sein.
Entdecke deinen Körper,
Die Fragen, die Angst.

Ich will Du sein.
Verlange nach Liebe,
Finde dein Zuhause.

Ich will Du sein.
Sieh dein Gesicht
In deinem Kind.

Ich will Du sein.
Finde Freude
Und Trauer.

Ich will Du sein.
Überdenk'
Deine Taten

Ich will Du sein.
Finde deinen Platz
In meinen Armen.

Ich will Du sein.
Kehr' zurück
Aus uns'rem Traum.

Jetzt sind wir zwei eins,
Mehr Licht,
Doch wie immer

Integrales Denken

Was ist integrales Denken? Nach meiner Meinung geht es darum, bei der Beurteilung von Menschen, Dingen, Vorgängen oder Situationen und bei allen Entscheidungen zu üben, möglichst viele Aspekte, Perspektiven und wirksame Zusammenhänge in Betracht zu ziehen.

Durch integrales Denken
1. Wird die Gesundheit vor Schaden bewahrt.
2. Wird unsere Kommunikation mit anderen Menschen verbessert.
3. Werden tägliche Aufgaben leichter bewältigt.
4. Wird es erst möglich, Probleme in Systemen naturwissenschaftlicher, organisatorischer oder emotionaler Art zu lösen.

Einige Beispiele

1. Gesundheit, sowohl die körperliche wie auch die seelische Gesundheit ist mit bedingt durch eine eventuelle Anwesenheit von inneren Inkompatibilitäten. Das bedeutet, dass, wenn bewusste oder unbewusste Überzeugungen nicht miteinander in Übereinstimmung sind, die eine Überzeugung die andere blockiert. Dadurch entsteht eine innere Zerrissenheit, welche der Gesundheit mehr oder weniger schadet.

Der Wunsch, jedermann gegenüber respektvoll zu sein, wird wenigstens teilweise blockiert von der Überzeugung, dass reich besser ist als arm. Einer gesunden Entwicklung der Persönlichkeit wird dadurch geschadet.

Zwei unvereinbare Meinungen sind auch: "Gott ist gut" und "Gott schafft all diese schrecklichen Sachen." Das integrale Denken fordert hier schon eine fortgeschrittene Einsicht: "Auch die schrecklichen Sachen sind gut für etwas Wichtiges." Aber bis diese Einsicht sich einstellt, besteht eine tiefe, meist unbewusste Unzufriedenheit mit der Schöpfung. Und diese wirkt sich auf das Wohlbefinden und die Gesundheit aus.

2. Sehr oft meinen wir bei einer Auseinandersetzung zu wissen, was der andere im Hintergrund denkt. Wir reagieren dann auf unsere Meinung und nicht auf das Denken des anderen. Eine Kurzsichtigkeit mit oft katastrophalen Folgen, die sich erst nach langer Zeit zeigen können. Das integrale Denken besteht hier aus einer Offenheit und Bescheidenheit.

Ein Bauer kann das ersehnte Regenwetter auch als schlecht empfinden, wenn er sich in die Wünsche des Touristen eindenken kann. Gegensätze können einfach falsche Annahmen, aber auch Meinungen sein, welche erst von einer anderen Perspektive aus als harmonisch begriffen werden können.

3. Ich will ein Auto kaufen... sehe ein wunderbares Exemplar, ziehe meine Scheckkarte und bin Jahre lang unglücklich. Integrales Denken wäre: "Oh, da ist wieder mein Wunsch, ein schönes, großes Auto zu haben.", "Das Ding passt gar nicht in meine Garage.", "Soll ich soviel Geld ausgeben, wenn ich dann auf den Urlaub verzichten muss?" usw.

4a. Die Naturwissenschaft muss sich auch mit Angelegenheiten außerhalb von Zeit und Raum beschäftigen, um eine zutreffende Einsicht in die Wirklichkeit zu erreichen

4b. Organisation von menschlicher Arbeit ist ohne seelische Komponente unzureichend.

4c. Probleme in der Entwicklung von Gruppen und Völkern können nur gelöst werden mittels einer gedanklichen und gefühlsmäßigen Identifikation mit den Betroffenen.

In allen Fällen ist es nötig, das eigene Wissen als lückenhaft, die eigene Perspektive als relativ und subjektiv zu sehen und sich zu öffnen für Bereiche und Perspektiven, die uns bis jetzt, absichtlich oder aus Unwissenheit, nicht zugänglich waren. Es genügt nicht, mehrere Bereiche von vertrautem Wissen zu integrieren.

Nicht alle, die integral Denken, haben identische Einsichten. Die letzten Wahrheiten sind nicht lückenlos in das weltliche Denken integrierbar und so wird es immer Gruppen geben, die diese letzten Wahrheiten unterschiedlich interpretieren.

LIEBE

Liebe ganz groß geschrieben ist die Liebe ohne Bedingungen und ohne Verhaftung. Sie ist eine bedingungslose Offenheit sowohl für die Realität, als auch für die Projektionen anderer Menschen.

Liebe beobachtet die Schöpfung mit wachsendem Erstaunen.

So lange man sich nicht von dem Einfluss der Liebe bedroht fühlt, liebt man den Liebenden, denn man wird akzeptiert wie man ist, ohne jegliches Urteil. Die Geliebten fühlen sich frei und werden zu gleicher Zeit an ihre eigene Möglichkeit zu lieben erinnert.

Die totale und bedingungslose Akzeptanz des Universums "vernichtet" jeglichen Wunsch es anders zu wollen als es ist. Das ganze Leben wird eine aktive Eins-Werdung mit dem Ganzen, ein frohes Lieben und Dienen als Rädchen in unserem sich ständig ändernden Menschheits-System. Achtung, es können einfache Rädchen sein, aber auch weltbewegende Rädchen, abhängig von Begabung und Begeisterungsfähigkeit... Begeisterung in Hingabe.

Weil keine Grenzen und Hindernisse mehr empfunden werden, ist die Freiheit total. Die alten Verhaftungen, Wünsche und Ego-Impulse werden klar erkannt und unterschieden in einerseits was selbstsüchtig und also falsch ist und andererseits was das harmonische Sein fördert und ausmacht.

Verpflichtungen, die man in diesem Sinne auf sich nimmt, beeinträchtigen die Freiheit nicht.

Dieses harmonische Sein bedeutet also überhaupt nicht, dass die Welt oder man selbst "fertig" ist und sich nicht mehr weiter zu entwickeln braucht, aber das Verlangen nach Entwicklung hat nichts mit Unzufriedenheit zu tun.

Die Liebe, über die ich versuche zu sprechen, beinhaltet Dankbarkeit für Alles... Alles...Alles ist ein Ausdruck des Seins und das pure "da Sein" (nicht das So-Sein) ist die einzige übrig gebliebene Bedingung für Liebe.

Alle Menschen sind, in ihrer Qualität als menschliche Wesen, unendlich schön. Wenn man sie liebend anschaut, erwacht ihre Schönheit. Liebe kreiert Schönheit. Objektiv und subjektiv.

Die Entwicklung des Menschen zu einem sozialen Wesen

1. In der ersten Phase werden unterschiedliche Dinge in der Umgebung nicht als unterschiedlich erkannt.
2. Funktionelle Unterschiede werden erkannt. Die Brust und die Augen der Mutter.
3. Instinktives Erkennen des anderen als verschieden vom eigenen Selbst, aber immer noch als eine ungeteilte Wirklichkeit.
4. Dinge werden immer noch als Muster, d.h. Symbole einer Ganzheit, erkannt.
5. Was vertraut ist, existiert. Was nicht vertraut ist, existiert nicht.
6. Personen und Dinge haben Bedeutung. Sie sind Symbole für Handeln und Einflussnahme.
7. Dinge, die nicht vertraut sind, werden als gefährlich wahrgenommen.
8. Dinge und Ereignisse werden instinktiv als angenehm oder unangenehm erfahren.
9. Wenn ich dies tue, dann geschieht etwas Angenehmes, wenn ich das tue, ist es etwas Unangenehmes.
10. Handlungen, die positive Auswirkungen haben, werden wiederholt, Handlungen mit negativen Auswirkungen werden vermieden.
11. Die Umgebung bildet immer noch ein Ganzes.
12. Der Mensch wird sich seiner selbst bewusst.
13. Ich kann etwas tun, bewirken, bewegen.
14. Ich kann mich entscheiden, Handlungen mit positiven Auswirkungen auszuführen.
15. Die Gefühle, die verbunden sind mit Zugehörigkeit, Sicherheit, regelmäßiger Nahrung ... werden bewusst.
16. Es wird erkannt, dass Lernen mit Absicht geschehen und organisiert werden kann.
17. Ich bin eingebunden in den Kreislauf von Säen, Pflanzen und Ernten.
18. Ereignisse und Handlungen sind Vorgänge, die offensichtlich gesetzmäßigen Regeln unterliegen.

19. Ich kann über Dinge nachdenken, Pläne machen und meine eigene Meinung haben.

20. Man erkennt, dass es alle möglichen Arten von zyklischen Ereignissen und Prozessen gibt.

21. Ich bin für mich und mein Handeln verantwortlich.

22. Ich kann jemanden bitten oder beauftragen, etwas zu tun.

23. Man erkennt, dass die Welt aus Dingen besteht, die auch auf eine andere Art und Weise benutzt werden können.

Hier etwa findet ein Wechsel zu kollektivem Bewusstsein statt.

24. Man erkennt, dass Prozesse beeinflusst werden können.

25. Man erkennt, dass es wirkungsvoller ist, wenn Menschen mehr produzieren als sie brauchen, und Dinge austauschen.

26. Zusammenarbeit verbessert unsere Leistung.

27. Man erkennt, dass ein allgemeiner Tauschgegenstand bequem ist: Geld

28. Arbeiten wird als etwas Negatives angesehen, das mit Geld bezahlt wird.

29. Der Mensch erkennt, dass die Natur Energie liefern kann: Wasser, Wind.

30. Man erkennt, dass man Geld ansammeln kann und dass Geld Annehmlichkeiten und Macht bringt

31. Annehmlichkeiten und Macht werden als Glück angesehen.

32. Die Reichen erkennen, dass sie mehr Geld ansammeln können, wenn die anderen auch Geld verdienen.

33. Man erkennt, dass es besser ist nicht selbst zu strafen und Rache zu nehmen, sondern Gesetze und eine zentrale Organisation zu haben.

34. Eine neue Art und Weise, die Dinge zu sehen und zu beschreiben, kommt auf: die Rationalität. Sie herrscht mehr als zwei Jahrhunderte vor.

35. Man erkennt, dass die Erde durch Energie geschaffen wurde, und dass diese Energie wiedergewonnen werden kann.

36. Maschinen werden erfunden, die diese wiedergewonnene Energie nutzen, um die Arbeit der Menschen zu machen.

37. Man erkennt, dass Materie aus kleinen Teilchen besteht, die für das Auge nicht mehr sichtbar sind.

38. Man erkennt, dass Materie umgewandelt werden kann und dass neue Stoffe hergestellt werden können.

39. Die Menschen wollen nicht mehr länger einer Autorität gehorchen und die Demokratie entwickelt sich.

40. Die Menschen wollen frei von Regeln sein. Freiheit ist das Ideal.

41. Es wird klar, dass materielles Wachstum dort am größten ist, wo Egoismus frei walten kann.

42. Es wird dem Menschen klar, dass es möglich ist, Zustimmung und politisches Wohlwollen zu kaufen.

43. Die Technik entwickelt sich so, dass große Zerstörungskraft in den Händen von wenigen missbraucht werden kann.

44. Wirtschaftliche Expansion wird zum beherrschenden Element in der Demokratie.

45. Es wird dem Menschen klar, dass unsere Welt ein lebendiger Organismus ist und dass man auf diesen Einfluss nehmen kann.

46. Nach Enttäuschungen und Katastrophen wird den Menschen klar, dass Geld nicht das Hauptkriterium für Glück ist.

47. Man erkennt, dass die Ursachen für wirkliches Glück oft nicht mit rationalen Begriffen beschrieben werden können.

48. Die grundlegendes Bedürfnisse nach Sicherheit und Zugehörigkeit treten in den Vordergrund und die damit verbundene Wahl der Lebensumstände erhält mehr Gewicht.

49. Man zieht es vor, in einer gesunden Familie, in einer gut funktionierenden Gruppe von Menschen mit ähnlich gelagerten Interessen zu leben.

50. Die Kirchen verteidigen alte formale Regeln, die den aktuellen Lebensumständen nicht entsprechen.

51. Intuition und geistige Offenheit erkennen alte und neue Regeln, die für die Gesellschaft von Vorteil sind.

52. Man erkennt, dass alles eins ist, dass die Welt eins ist, dass also eine Welt ohne mich nicht denkbar ist.

53. Im Interesse einer langfristigen Gesundheit der Menschheit

kommen die neuen Regeln zur Anwendung.

54. Es werden Lösungen gefunden um Besitz und Macht mit Mitmenschlichkeit und Verantwortungsgefühl zu verbinden.

55. Andere Kulturen und Traditionen begegne ich mit Respekt und unterstütze sie auf Verlangen.

56. Technische Zerstörungsmittel in Händen von wenigen werden erkannt als eine Gefahr für den Besitzer. Bewaffnungs-Wettläufe nehmen ab.

57. Immer mehr Menschen erkennen, dass die neuen Regeln für das Wohlergehen jedes Menschen, und auch für ihre Kinder und Enkel wichtig sind.

58. Die neuen Regeln lösen Reichtum, Macht und Expansion in ihrer Bedeutung ab.

59. Ein gut informierter Egoismus und Mitgefühl zeigen sich als eine sinnvolle Einheit.

Notizen. Vorhaben, Methode, Planung, Checkup-Termine, Austausch mit..., Email-Diskussion mit...